Matthias J. Augsburg

Die Gemeinwohl Gesellschaft

Freiheit Gleichheit Brüderlichkeit

EICHBAUM

Über den Autor:

Matthias J. Augsburg wurde 1964 in Berlin-Wilmersdorf geboren, aufgewachsen ist er in der Ruhrgebietsstadt Schwerte, im Westen Deutschlands.

Auf den beruflichen Vorprägungen seines Vaters als Gärtner und seiner Eltern als selbstständige Unternehmer mit einem Gartencenter, baute Matthias als Natur- und Pflanzenliebhaber auf. Mit der beruflichen Grundlage eines Kaufmanns und Betriebswirts entwickelte er das elterliche Unternehmen nach und nach weiter. 2013 verkaufte er die Geschäftsanteile seiner Gartencenter.

Diese neu gewonnene Freiheit nutzt der Autor, um seinem inneren Ruf zu folgen.

Die Wege der Heilung sind seit fast 40 Jahren seine Intention, insbesondere mit dem Schwerpunktthema Wege der Heilung bei Krebs, sowohl im Organismus Mensch als auch im Organismus (s)einer Gesellschaft.

www.matthias-augsburg.de

Matthias J. Augsburg

Die
GEMEINWOHL
GESELLSCHAFT

Freiheit Gleichheit Brüderlichkeit

Impressum:
© 2023 Matthias J. Augsburg
Überarbeitung Oktober 2023
Herausgeber: Eichbaum GmbH

Umschlaggestaltung: Matthias J. Augsburg
Buchsatz: Angelika Fleckenstein; Spotsrock
Verlag: Eichbaum GmbH

ISBN Softcover: 978-3-347-90091-2
ISBN Hardcover: 978-3-347-90096-7

Druck und Distribution im Auftrag des Autors:
tredition GmbH, Heinz-Beusen-Stieg 5, 22926 Ahrensburg, Germany

tredition GmbH
Abteilung „Impressumservice"
Heinz-Beusen-Stieg 5
22926 Ahrensburg
Deutschland

Bibliografische Informationen der Deutschen Nationalbibliothek:
Die Deutsche Nationalbibliothek verzeichnet diese Publikation in der Deutschen
Nationalbibliografie; detaillierte bibliografische Daten
sind im Internet über http://dnb.b.-nb-de abrufbar.

„Probleme kann man niemals mit derselben Denkweise lösen, durch die sie entstanden sind."

Albert Einstein

Widmung

Dieses Buch ist gewidmet Rudolf Steiner (1861–1925), dem Begründer der Sozialwissenschaft der „Dreigliederung des sozialen Organismus" kurz: „Soziale Dreigliederung".

Es war einmal ... auf der Reise zum Neuen Jerusalem

„Es war einmal zum Ende des 1. Weltkrieges ab 1917, Rudolf Steiner hatte vor einem ähnlich verheerenden Ereignis mit sozialem Leid und Millionen Toten gewarnt, sollte die „Soziale Frage", eine natürliche „Dreigliederung der Gesellschaft" nicht gelebt werden. Seine fundiert ausgearbeitete Sozialwissenschaft wurde angehört, aber verworfen. Die „Versailler Verträge" schufen dann 1919 ein ganz anderes „Gesellschaftliches Klima" und nur 10 Jahre später brach die nächste Katastrophe über die Vorfahren herein. Die schwere Weltwirtschaftskrise von 1929–1939 ging nahtlos in den 2. Teil dieses „Weltweiten Krieges" gegen die Natur und ihre Menschen über, um ab 1945–1989 in die nächste Phase als „Kalter Krieg" überzugehen.

Bis zum „Fall der Berliner Mauer", endlich schien das Spiel gewonnen, „The Winner takes it all". Doch nach nur 12 Jahren war die „Goldgräberstimmung" verflogen und einige „Stühle weniger im Spiel". Mit „9/11" und dem „Fall der 3 Türme" in New York am 9. September 2001 gab es nun ganz plötzlich eine neue „Achse des Bösen", setzt sich das grausame Spiel um die verbleibenden Stühle als „Krieg gegen den Terror" fort.

Jetzt ist jedes Mittel recht, bis dato als selbstverständlich geltende „natürliche Menschenrechte" werden auf dem Altar der Weiterführung des Krieges geopfert. Die Liste der ausländischen Kriegseinsätze wird länger und länger, derweil werden „Friedensnobelpreise" verteilt. Lustig spielt die Musik, hört ganz plötzlich auf und wieder steht ein Mitspieler ohne Stuhl da. So ist das eben „mit den Regeln", so wird der nächste Stuhl aus dem Kreis entfernt und weiter geht's mit Musik. „Lustig geht es zu" im verbleibenden Kreis der Spieler, längst entkoppelt von der immer größer werdenden Zahl der umstehenden „Zuschauer" werden weltweit Finanz- und Bank-institute systemrelevant gerettet, während sich gleichzeitig das „Vermögen der Welt" in den Händen immer weniger Menschen an-sammelt.

„Weltwirtschaftskrieg" wird er nun genannt, sind doch die ver-bleibenden Spieler mit Angriffen auf ihr jeweiliges Territorium durch Atomwaffen zum ultimativen Gegenschlag bestens abgesichert. Derweil haben sich unter den verbleibenden Mitspielern längst neue Koalitionen gebildet. Jeder will gewinnen, da bleibt nur noch der „Krieg gegen den Geist" der Menschen, der „Krieg um Mittelerde" ist in die nächste Phase eingetreten", ganz und gar „Trans-Human".

Die meisten der Betroffenen „halten oder wissen ja eh' nichts davon". Geist & Seele der Menschen sind längst geopfert auf dem „Altar des Mammons", dem Gott von Geld & Besitz. „The winner takes it all" und „Du wirst nichts besitzen und glücklich sein!" 2030 soll dieses „Endziel" als „neue Weltordnung" bereits erreicht sein.

Andere wiederum gehen dagegen ganz selbstverständlich davon aus, dass 2049 zum 100. Jahrestag ihrer Gründung die „ganze Welt" der kommunistischen Partei Chinas dienen wird. „Schöne neue Welt". So geht das „Stühlerücken" munter weiter, immer verbissener und ruppiger wird um die verbleibenden Stühle gekämpft. Auf der Neuen Seidenstraße fährt derweil das Konsumglück in die ganze Welt, während der „End-gültige-Sieg" mit der Spaltung von „Mittel- und Osteuropa" in greifbare Nähe rückt. Die Musik spielt wieder ein weiteres lustiges Stück während unbemerkt mehr und mehr „Unbestechliche", Hobbits gleich den „Herrn der Ringe" zurück nach Mordor tragen.

Wie nach einem warmen Sommerregen im Wald plötzlich überall und dann unübersehbar viele kleine Pilzköpfe aus dem Boden ragen, entstehen auf der ganzen Welt neue autonome Initiativen in vielfältigen Netzwerk-Verbindungen. Das Pilzmyzel, diese „unsichtbare Verbindung" das „Diaphane ist die Konkretion des Geistigen", das „Zusammenwachsen des Geistigen mit dem Bewusstsein", und so leben Autonomie und Vielfalt, finden immer wieder neuen schöpferischen Ausdruck in den Menschen. Sie alle bauen an der Neuen Erde in „Freiheit Gleichheit Brüderlichkeit" und wenn sie nicht plötzlich und unerwartet gestorben sind, leben sie noch heute.

Die GEMEINWOHL GESELLSCHAFT

Freiheit Gleichheit Brüderlichkeit

Geht das überhaupt alles gleichzeitig …

… sowohl ein schlanker Staat als auch Schutz und Sicherheit als auch die Gleichheit aller Menschen vor dem Gesetz als auch die Freiheit in der Bildung, im Gesundheitswesen, in Forschung & Entwicklung, in Kunst & Kultur und in der Religionsausübung als auch ein brüderliches Wirtschaftsleben, ein freier Markt in Einigkeit und mit einem eigenen Geld ohne Zinseszins?

Gibt es sowohl Freiheit als auch Sicherheit als auch finanzielle Absicherung als auch Demokratie & Mitbestimmung als auch Gleichheit und Brüderlichkeit als auch Raum für Kreativität und Wohlstand in einer Gesellschaftsform für alle Menschen die in ihr leben?

Ja, dies alles gibt es. Allerdings nur in der Verbindung als Gesamtpaket, sonst bleibt es weiterhin nur ein Privileg für Einzelne.

Vorwort

Einführung

Dieses Buch erscheint in einer Zeit der sich ausweitenden gesellschaftlichen Spaltung. Dabei beschreibt es gleichzeitig den Entwurf einer Verbindung ebendieser unterschiedlichsten gesellschaftlichen Individuen.

Vielfalt und Autonomie sind die einzigen Gemeinsamkeiten in einer GEMEINWOHL GESELLSCHAFT. Das vormals trennende wird hier zur verbindenden Gemeinsamkeit.

Dieses vorliegende Buch beschreibt ein Leitbild „sowohl für Rechte als auch für Linke als auch für alle, die gefühlt neben oder zwischen oder über oder unter oder außerhalb stehen mögen". Es ist kein neues Konzept oder der Entwurf eines neuen Gesellschaftssystems. Es beschreibt ein verbindendes gesellschaftliches Leitbild auch für Menschen, die versuchen, das duale Entweder-oder, das für die Entwicklung der persönlichen Eigenständigkeit so wichtige „ich-oder-du" auch auf ein gesellschaftliches Miteinander überzustülpen.

Sollte nicht „eigentlich" in einer Gemeinschaft „gleiches Recht für alle" gelten? Dass dies kaum wirklich gelebt wird, sondern der Egoismus in der Ausprägung als „das Recht des Stärkeren", oder „des Schlaueren" zeigt sich im Ergebnis in der immer extremer werdenden Anhäufung des Weltvermögens in den Händen einiger weniger Menschen. Es ist das „The winner takes ist all", im deutschen Sprachraum auch bekannt als „Reise nach Jerusalem". Man einigt sich auf eine gesellschaftliche Spielregel, in der irgendjemand die Musik spielt und nur für den Gewinner ein Stuhl übrigbleibt. Ein wirklich spannendes Spiel, genau so lange wie man einen der verbleibenden Stühle abbekommt. Danach schaut man nur noch von außen zu, wie die anderen Spaß haben, wobei schon auch zu beobachten ist, dass es am Ende um die letzten Stühle immer „ruppiger" zugeht. Im allgemeinen Sprachgebrauch ist dieses beliebte Kinder- und Hochzeitsspiel eher bekannt als „Kapitalismus" und „Kommunismus", letztlich ja zwei Seiten ein und derselben Medaille. So ist es eben auch „im richtigen Leben", wenn zum Ende des Spiels nur noch einer alles hat, ist der Spaß vorbei. Entweder bestimmt der Gewinner als neue Feudalelite, dass alle anderen genauso weiterleben und „gleich wenig zu sein haben" oder alle müssen in einem neuen Spiel wieder ganz von vorne anfangen.

Diese Dynamik ruft auf dem ersten Blick nach noch mehr staatlicher Ordnung, nach noch mehr ordnungspolitischen Regulierungen durch ihre Staaten oder Gemeinschaftsstrukturen wie einer EU oder einer Weltgesundheitsorganisation WHO. Und mit dem zweiten Blick erkennen wir die sich gleichzeitig immer weiter verdichtenden weltweiten, bis ins Politische reichenden, wirtschaftlichen Macht-, Kapital- und Zentralstrukturen ineinander verschachtelter Vermögensverwaltungsgesellschaften mit ihren Großkonzernen. So wird dieser erste Blick durch den zweiten unmittelbar bestätigt und verstärkt und mündet möglicherweise in der Erkenntnis, dass ein duales mental-rationales trennendes „ich-oder-du"-Denken letztlich in einer zentralen Machtstruktur münden wird, ganz im Sinne eines „divede et impera" (lateinisch für „teile und herrsche"). Auch hier bestätigt sich also die Erfahrung, dass so, wie ich mit mir selbst umgehe, ich auch mit anderen umgehe und diese auch mit mir.

GEMEINWOHL GESELLSCHAFT

Eine GEMEINWOHL GESELLSCHAFT formt sich als natürliche Ausgleichsbewegung zu den sich seit Jahrzehnten immer weiter erstarkenden zentralen und ineinander verflochtenen Macht-, Kapital- und Wirtschaftsstrukturen und deren Übergriffigkeit in alle Gesellschafts- und Lebensbereiche der Menschen.

Bereits an den veränderten Begrifflichkeiten lässt sich erkennen, dass Menschen einer GEMEINWOHL GESELLSCHAFT die Natur selbst zum Vorbild haben und kein System oder eine künstlich geschaffene Maschine oder eine „künstliche Intelligenz". Menschen einer GEMEINWOHL GESELLSCHAFT leben die Regeln der Natur und erschaffen aus ihr heraus unter anderem auch Produkte wie Maschinen und Computer und so auch deren Steuerungsprozesse. Es ist eine „schöpferische geistige Intelligenz" gefüllt mit lebendigem menschlichem Geist.

Eine GEMEINWOHL GESELLSCHAFT baut im Unterschied zu Zentralstrukturen auf den wirklich gelebten menschlichen Grundwerten „Freiheit Gleichheit Brüderlichkeit" oder „Einigkeit und Recht und Freiheit" wie sie auch genannt werden.

Jedem dieser drei Grundwerte ist ein gesellschaftlicher Lebensbereich zugeordnet. Die „zentrale" Aufgabe der gesellschaftlichen Bemühungen ist die Selbstständigkeit ebendieser drei gesellschaftlichen Glieder. Sie verzichten dabei konsequent auf einen bisher üblichen regulierenden Zentral- oder Einheitsstaat, sowohl auf Bundesebene, als auch auf den Landesebenen föderaler Bundesstaaten.

Eine für das Gemeinwohl bisher übliche ungesunde Manipulation oder Übergriffigkeit einzelner Akteure aus politischen, oder wirtschaftlichen, oder anderen Machtinteressen heraus wird so weitgehend vermieden. Ebenso kommt eine GEMEINWOHL GESELLSCHAFT weitgehend ohne demokratische Mehrheitsentscheidungen zulasten der hierdurch entstehenden unterlegenen Minderheiten aus.

Anders als in bisherigen Gesellschaftssystemen baut das Leitbild einer GEMEINWOHL GESELLSCHAFT auf einer bewussten Differenzierung der drei Säulen oder Gliedern der Gesellschaft auf. Es sind:

* die Politik genannt das „Rechtsleben" (Gleichheit),

* die Wirtschaft genannt das „Wirtschaftsleben" (Brüderlichkeit) und

* der Bereich der Kultur-Bildung-Gesundheit-Religion-Forschung & Entwicklung, genannt das „Geistesleben" (Freiheit).

Diese drei gesellschaftlichen Glieder Geistesleben, Rechtsleben und Wirtschaftsleben verwalten sich autonom, den je eigenen Funktionsprinzipien folgend. Ohne den Eingriff eines Einheitsstaates, der ja zugunsten einer ausgewogenen Dreigliederung entfällt. Und nein, es entsteht KEIN Chaos, denn das Rechtsleben sorgt für die Sicherheit und die Gleichheit vor dem Gesetz!

Der Trialog erfolgt auf regionaler, nationaler und internationaler Ebene in entsprechenden Senatsversammlungen.

Und sie werden es möglicherweise bereits erkannt haben, es geht bei dieser beschriebenen GEMEINWOHL GESELLSCHAFT natürlich um die von Rudolf Steiner in den Jahren 1917–1925 skizzierten Sozialwissenschaft des „Dreigegliederten sozialen Organismus". Diese „Soziale Dreigliederung" ist ein detailreich ausgearbeitetes Leitbild für eine zukunftstragende gesellschaftliche Ordnung und Entwicklung.

Im Unterschied zu den heute weit über 30 bekannten einzelnen Sozialwissenschaften betrachtet die „Soziale Dreigliederung" sowohl die Details der vielfältigen gesellschaftlichen Bereiche aus Politik, Recht, Wirtschaft, Gesundheit, Pädagogik und anderen als auch deren Wechsel-WIRKUNGEN und Verbindungen. Ein Novum in der Geschichte.

Die „Soziale Dreigliederung" erscheint so durch den Menschen als freiheitlich demokratisch natürliche Gesellschaftsordnung in einem neuen, in ihren Wirkungen verbindenden Denken.

Die Zusammenarbeit einer Gesellschaft ohne Einheitsstaat erfolgt für das Wohlergehen des gesamten Organismus im Netzwerk(en).

Die Entsprechung kennen wir aus dem menschlichen Organismus:

Ohne eine Hierarchie erfolgen autonome Prozesse eines Herz-Rhythmus-Systems, eines Stoffwechsel-Systems und eines Nerven-Sinn-Systems füreinander, es gibt KEINE Zentrale.

Ihre technischen Entsprechungen sind bekannt durch die Möglich-keiten der Blockchain Technologie (englisch für Blockkette) und der Internet-Technologie.

Und auch ein jeder Spaziergang in der Natur zeigt es ganz deutlich: es gibt KEINE Zentrale.

Die Natur steht als Leitbild also immer bereit. Die bisher in fast allen Lebensbereichen gelebten Ausnahmen der Natur als menschliche Regel führen die Menschen immer tiefer in den Krisensumpf. Schlägt man einem Problem den Kopf ab, entstehen sofort zwei neue. Bereits Herkules der griechischen Mythologie hatte seine liebe Mühe mit dem Kampf gegen die Hydra. Dieses „vielköpfige Ungeheuer" Hydra vergiftet die Luft, das Land und das Wasser. Das kommt ihnen irgendwie bekannt vor? Willkommen im 21. Jahrhundert. Die wahn-witzige Idee, dass „ein noch mehr und noch schneller Denken" einer künstlichen Intelligenz, die Menschen vor sich selber zu retten vermag, erscheint auch angesichts dieser über 2000 Jahre alten Weisheitslehre, mehr als fragwürdig.

Wie schon Albert Einstein sagte: „Probleme kann man niemals mit derselben Denkweise lösen, durch die sie entstanden sind."

Man muss also mindestens bis 3 zählen können, um diese „Herkulesaufgabe" zu lösen. Ein allgemein übliches duales (von lateinisch dualis „zwei enthaltend"), mental-rationales Denken schafft mit jeder vermeintlichen „Lösung" sofort zwei neue Probleme.

Freiheit Gleichheit Brüderlichkeit – Einigkeit und Recht und Freiheit

In ihren Wirkungen sich verbindendem Denken werden den drei gesellschaftlichen Gliedern je ein menschlicher Grundwert zugeordnet, denn wirkliche Freiheit findet sich nur im Geistesleben, wirkliche Gleichheit nur vor dem Gesetz im Rechtsleben und wirkliche Brüderlichkeit, das meint in Einigkeit füreinander, findet sich nur im Wirtschaftsleben.

Diese klaren Bezüge sind insofern sinnvoll, da es im Umkehrschluss Freiheit nicht im Rechtsleben vor dem Gesetz und auch nicht im Wirtschaftsleben gibt, Gleichheit nicht im Wirtschaftsleben und nicht im Geistesleben gibt, sowie Brüderlichkeit nicht im Rechtsleben und nicht im Geistesleben.

Diese Erkenntnis erschließt sich just in dem Moment, da die Prozesse sowohl im Einzelnen durchschaut als auch in ihren Wirkzusammenhängen wahrgenommen werden.

Im verbindenden Denken nehmen wir sowohl Detailbilder als auch ein Gesamtbild wahr. In dem Prozess einer sich so immer wieder neu bildenden GEMEINWOHL GESELLSCHAFT gehören sowohl jedes

Detail als auch sämtliche Prozesse, als auch der Beobachter selbst zu dem Ganzen dazu und machen es erst zu dem, was es ist. Dies ist die Bedeutung von „Integral": „Zu einem Ganzen dazugehörend und es erst zu dem machend, was es ist."

Dieses verbindende Denken in einer Dreigliederung (Trichotomie) wird möglich durch die Verbindung im Geistigen, durch „den Sprung ins Geistige". In einer integralen Bewusstseinsverfassung relativieren sich so persönliche Betroffenheit und kollektive Verhaftung. Jetzt verlasse ich aus der inneren Freiheit heraus das einseitige gedankliche Konzept der Trennung und Spaltung. Diese innere geistige Verfassung findet ihre physikalisch technische Entsprechung mit dem Flug in den Weltraum. In ungefähr 120 km Entfernung von der Erdoberfläche endet die Erdanziehung („die persönliche Betroffenheit und kollektive Verhaftung"). Von hier aus in der Schwerelosigkeit kann ich die Prozesse auf der sich vor mir drehenden Erde und die des Kosmos aus den verschiedenen Perspektiven betrachten und im Zusammenhang wahrnehmen und gleichzeitig mir als Beobachter meiner selbst bewusst sein. Und auch hier finden wir weit und breit KEINE Zentrale.

Und so können Gegensätze ihre Gegensätze bleiben, Meinungen können Meinungen bleiben, Standpunkte können Standpunkte bleiben und die sich hierdurch ergebenen Perspektiven können Perspektiven bleiben. Das Ganzheitsempfinden und Verbundenheitsgefühl des mental-rational Denkenden ergibt sich aus der Synthese von These und Antithese. Die Systase, das Ganzheitsempfinden und Verbundenheitsgefühl einer „Integralen Bewusstseinsverfassung" entsteht durch die aktive Wahrnehmung der Wirkungen. Denn „in dem Moment, da es uns gelingt die Wirkungen als solche wahrzunehmen wird die Welt durchsichtig, weil wir dann nicht mehr nur auf die Raumstruktur der Systeme fixiert sind, sondern sie systatisch = zusammenfügend durchschauen vermögen."*

(*YouTube Kanal: Integrale Krebstherapie, Modul 7, Seite 30)

In einer integralen Bewusstseinsverfassung nehme ich mich selbst-bewusst wahr. Als Objekt (1) getrennt von anderen (2) beobachte ich mich auch selbst als das denkende Subjekt (3). So nehme ich auch alles wahr, was von mir getrennt erscheint, und bin durch ebendiese Wahrnehmung auch mit den Wirkungen verbunden. Das bedeutet nicht, dass ich mich mit dem anderen, von mir getrennten iden-tifiziere. Es bleibt einfach, was es ist.

Fazit

Ein Mensch, der sich seiner Selbst-bewusst ist, ist auch in der Lage sich selbst zu führen. Er braucht keine äußere Führung mehr. Dasselbe kann er in dem Moment auch jedem anderen Menschen zugestehen.

Freiheit

Seit dem Vierten Konzil von Konstantinopel (869) gilt in der kath. Kirche die Lehre von der Trichotomie der „Körper Seele Geist Drei-gliederung" als Häresie (Ketzerei). An ihre Stelle trat die Dichotomie, die dem Menschen nur mehr Leib und Seele zugesteht. Diese dualistische entweder-oder-Anschauung wirkt bis heute in der Philosophie und in den Wissenschaften nach und prägt in weiten Teilen das menschliche wie auch das gesellschaftliche Leben.

Dieses gedankliche Konstrukt zu verändern, den „Sprung ins Geistige" zu wagen obliegt nun jedem einzelnen Menschen. Dies bedeutet nach meiner Wahrnehmung Freiheit, wirklich frei zu sein.

In weiten Teilen des heutigen gesellschaftlichen Lebens finden wir die entsprechende Freiheit im Geistesleben nicht. Die Bereiche der Kultur-Bildung-Gesundheit-Religion-Forschung & Entwicklung sind sowohl durch staatliche Vorgaben und Regulierungen, Dogmen und Patente eingeschränkt, insbesondere auch durch wirtschaftliche Zwänge. Prinzipiell ist jede auch manuelle Arbeit im Grunde zuerst einmal eine geistige Leistung. Sie ist jedoch nicht frei. Die meisten Menschen müssen ihre Arbeitszeit an den Meistbietenden verkaufen.

Auch der Grund & Boden, Unternehmen, Produktionsmittel (Kapital) und Geld sind zur Ware geworden. Die Verwaltung auch dieser Bereiche gehört im Grunde in die Freiheit des Geisteslebens.

Gleichheit

Niemand gleicht einem anderen, jeder Mensch ist einzigartig und hat beispielsweise seinen ganz eigenen Fingerabdruck. Gleichheit gibt es dagegen nur vor dem Gesetz, im Rechtsleben. So lautet die Idee einer GEMEINWOHL GESELLSCHAFT geprägt durch das Leitbild der „Sozialen Dreigliederung". Ganz praktisch relativiert sich diese Gleichheit vor dem Gesetz heutzutage durch die wirtschaftlichen Verhältnisse. Der „bessere" Politiker, Lobbyist, Rechts-, Wirtschafts- und Steuerberater „(M)macht" sich bei genauer Betrachtung die Ausnahmen von der Gleichheit zu seiner Regel.

Brüderlichkeit

Auch dieser Begriff unterliegt in der Interpretation sehr dem Zeitgeist. Aus seiner ursprünglichen Bedeutung und Frage nach dem „Was brauchst du?" wird je nach ideologischer Prägung ein

„schwesterlich", „geschwisterlich" oder auch „solidarisch". Wie schon beschrieben, gibt es Gleichheit aber nur vor dem Gesetz. Eine brüderliche Haltung in einem freien Wirtschaftsleben ohne Eingriff des Staates schafft die Möglichkeit einer Einigkeit „brüderlich mit Herz und Hand", statt einer „Reise nach Jerusalem". Mit der Frage „Was brauchst du?" kommen sowohl „ehemalige Kapitalisten" als auch „ehemalige Kommunisten" zur Erfüllung ihrer Forderungen. Einigkeit in den Verhandlungen zu erreichen zwischen Konsumenten (Verbrauchern), Händlern und Produzenten (Dienstleistern) in so genannten Assoziationen (lat. associare = „vereinigen, verbinden, verknüpfen, vernetzen") wird auch die, in den heutigen Wirtschafts- und Gesellschaftssystemen, üblicherweise innewohnende Ausbeutung der und des anderen obsolet machen. Die Belange von Menschen und Tieren, Natur und Umwelt sind selbstverständlich integraler Bestandteil der Gespräche und Vereinbarungen im assoziierten Wirtschaftsleben einer GEMEINWOHL GESELLSCHAFT. In dieser gemeinsamen Haltung wird auch das Geld im Wirtschaftsleben ohne Eingriff des Staates verwaltet. Geld dient hier als Buchhaltungssystem zum einfachen Tausch von Waren und Dienstleistungen. Das Geld ist dabei kein Spekulationsobjekt, es ist selbst keine Ware mehr.

Demokratie in einer GEMEINWOHL GESELLSCHAFT

In einer GEMEINWOHL GESELLSCHAFT gelten die typischen Merkmale einer Demokratie. Dies sind freie und direkte Wahlen, das Mehrheitsprinzip, die Respektierung politischer Opposition, Verfassungsmäßigkeit und Schutz der Grundrechte. Demokratische Entscheidungen nach dem Mehrheitsprinzip bilden die Grundlage des Staatslebens; ungeeignet erscheinen sie hingegen zur Gestaltung des Wirtschaftslebens und des freien Geistes-lebens.

In diesen beiden Gesellschaftsbereichen werden die Entschei-dungsprozesse im Wesentlichen durch Menschen herbeigeführt, die sich durch ihre sachliche und fachliche Qualifikation auszeichnen. Die bisher üblichen demokratischen Mehrheits-entscheidungen, über dem „Umweg der Politik", in nahezu allen Lebensbereichen des Geistes- und Wirtschaftslebens entfallen und damit auch das „Unterlegenheitsgefühl" der jeweiligen Minderheit, Spaltungsdynamiken schwinden.

Durch die Beschränkung der politischen Tätigkeit auf das Rechtsleben (Sicherheit durch Gleichheit vor dem Gesetz und innere und äußere Sicherheit) erfolgt in den eigenverwalteten Bereichen des Geisteslebens und des Wirtschaftslebens keine Einmischung und keine Vorgaben durch den Staat. Im schlanken Staat (Rechtsleben) einer GEMEINWOHL GESELLSCHAFT reduziert sich so der Aufwand der Gesetzgebung und Verord-nungen auf ein Minimum ...

... „und so lebe ich in einem Land mit einer Staatsverfassung in der die „Dreigliederung des sozialen Organismus" verankert ist. Ohne den Eingriff des Staates verwalten sich die drei gesellschaftlichen Glieder in einer dynamischen Netzwerk-struktur durch Brüderlichkeit (das meint in Einigkeit) im Wirt-schaftsleben, durch Gleichheit im Rechtsleben und durch Freiheit im Geistesleben eigenständig, den je eigenen Funk-tionsprinzipien folgend. Die Abstimmung zwischen den drei gesellschaftlichen Gliedern erfolgt in Senatsversammlungen, im Trialog auf kommunaler-, regionaler- und auf Landesebene.

Gesellschaftliche Anforderungen können auf diese Weise schnell und unbürokratisch geregelt werden. Die Gleichheit aller Menschen vor dem Gesetz sorgt für ihre Sicherheit und das im gegenseitigen Einvernehmen arbeitende Wirtschaftsleben schafft die Grundlage für eine ausreichende und gerechte Versorgung mit Waren und Dienstleistungen. Und der weitgehende Rückzug des Staates aus den gesellschaftlichen Prozessen machte das Geistesleben frei für immer wieder neue kreativ schöpferische Prozesse.

Autonomie und Vielfalt der Menschen sind die einzigen Gemeinsamkeiten in diesem Dreigegliederten gesellschaftlichen Organismus. Der spirituelle Einzelne ist sich in seinem Geistigen Kern bewusst, so benötigen die Menschen keine äußere Führung mehr.

Es herrscht Frieden, ein hoher gesellschaftlicher Wohlstand, Glück und Zufriedenheit. Die Menschen erfreuen sich allgemeiner Gesundheit und die Natur und Umwelt regeneriert sich immer wieder aufs Neue in ihren natürlichen Prozessen. Mehr und mehr Staaten in Europa und auf der ganzen Welt folgen nach und nach diesem Beispiel einer in den drei Gliedern ausgewogenen Gesellschaft.

Die einzige Aufgabe der Politik und ihrer demokratisch gewählten Volksvertreter ist es für die Menschen Sicherheit zu schaffen und zu erhalten durch die Gleichheit vor dem Gesetz (Legislative), die Verwaltung und Innere Sicherheit (Exekutive) sowie die Landesverteidigung.

Bei der Gestaltung des Rechtslebens werden alle Bürger fortlaufend beteiligt. In der Pflicht zur Mitwirkung werden sie durch Losverfahren an der Gestaltung der Gesetze und bei Grundsatzentscheidungen großer Investitionen eingebunden. Diese aleatorische Demokratie fördert das Miteinander und Verantwortungsgefühl aller Menschen. In den unterschiedlichen Fach-Konvents werden die Entscheidungsprozesse durch Hinzunahme von Fachleuten erarbeitet und den Bürgern zur Abstimmung vorgelegt. Nach Abschluss einer Aufgabe wird ein Konvent wieder aufgelöst.

Die zentrale Frage im Wirtschaftsleben ist „Was brauchst du?" So werden die wirtschaftlichen Belange, die Versorgung mit Waren und Dienstleistungen in so genannten Assoziationen vertraglich geregelt, dass meint in gegenseitigem Einvernehmen brüderlich zwischen Konsumenten, auch Patienten und Klienten sowie Händlern und Produzenten bzw. Dienstleistern. Ohne Eingriff des Staates wird auch das Geldwesen durch das Wirtschaftsleben verwaltet. Geld ist hier ein Verrechnungssystem für den Austausch von Waren und Dienstleistungen. Dabei ist das Geld selbst keine Ware.

Ebenso verwaltet sich auch das Geistesleben ohne Einmischung des Staates eigenständig, in dieser Freiheit blühen die Kreativität und der Erfindungsreichtum der Menschen. Als Geistige Wesen schöpfen die Menschen immer wieder Ideen und Prozesse aus dem Nichts. Der hierdurch entstehende materielle Reichtum wird im Wirtschaftsleben brüderlich, in Einigkeit je nach Bedarf und persönlicher Leistung vertraglich geregelt aufgeteilt. Auch Sozialfonds werden im Wirtschaftsleben gebildet und sichern den Lebensunterhalt aller Menschen, die sich nicht aktiv an den Wertschöpfungsprozessen beteiligen können. Es ist mehr als genug für alle da.

In der Freiheit des Geisteslebens ist die Arbeit frei, sie ist eine geistige Leistung genau wie die Kunst und Kultur, Erfindungen und Patente, das Kapital (meint Produktionsstätten und -kapazitäten), Grund & Boden und die Religion. Auch das Votum der gewählten Volksvertreter und Richterlichen Urteile (Judikative) stehen innerhalb der Freiheit des Geisteslebens

und ebenso sind das Gesundheitswesen und das Bildungswesen frei. Pädagogen sind nur ihren Schülern gegenüber
fachlich verpflichtet, genauso sind im Gesundheitswesen
Ärzte und Therapeuten ausschließlich gegenüber ihren Patienten und Klienten fachlich verpflichtet. Solidarfonds werden
in der Brüderlichkeit des Wirtschaftslebens gebildet und über-
nehmen die Kostenerstattung.

Die Arbeitszeit der Menschen kann durch das Rechtsleben
zeitlich begrenzt werden. So werden die Menschen vor Ausbeutung und Selbstausbeutung geschützt.

Neben dem weitgehend friedvollen, glücklichen und zu-
friedenen Miteinander hat sich die gesundheitliche Verfassung
der Bevölkerung signifikant verbessert. Die Regeln der Natur
werden im Leben der Menschen wieder als Regeln gelebt und
die Ausnahmen der Natur als Ausnahmen. Besonders der
drastische Rückgang der chronischen und autoaggressiven
Krankheiten wie beispielsweise der Krebserkrankungen wird
auf diese veränderten Lebensgewohnheiten und ein gesellschaftliches Leben zurückgeführt, welches sich in seinen
natürlich verbindenden gesellschaftlichen Prozessen ausgewogenen organisiert. Diese Grundlagen des Lebens werden
in den freien Schulformen bereits den Kleinsten angeboten."

Geld

In einem Staat ohne Zentrale wird das Geldwesen ohne Eingriff der
Politik oder einer Zentral-Bank durch das Wirtschaftsleben auf Basis
der bestehenden Gesetze verwaltet. Geld stellt hier ein Verrechnungssystem (Buchhaltungssystem) für den Austausch von Waren
und Dienstleistungen („Kaufgeld") dar. Dabei ist dieses „Kaufgeld"

selbst keine Ware. Die Geldschöpfung erfolgt im Vertrauensnetzwerk des Wirtschaftslebens und nicht durch verzinsbare Schulden wie bisher üblich. So entsteht die Möglichkeit, dass durch jedes Mitglied (jeden Bürger) ein tägliches Grundeinkommen rückzahlungsfrei geschöpft wird. Das bisher übliche allgegenwärtige Mangel- und Schuldgefühl schwindet. Die Bürger eines Landes erhalten so eine vollständige finanzielle Souveränität. Die Machtfunktion eines Staates bzw. einer Zentralbank entfällt zugunsten aller Menschen eines Landes. Auch eine bisher übliche Vermögenskonzentration in den Händen einiger weniger Menschen durch die Schuldgeld-schöpfung aus dem Nichts und der damit verbundenen Zins- und Zinseszinsen unterbleibt. Zur Erinnerung: im bisherigen Geldsystem zirkuliert weniger als 10 % der Geldmenge als Bargeld. Mehr als 90 % der bisherigen Geldmenge wird von Bankinstituten aus dem Nichts geschaffen, gegen die Unterschrift auf einem Kreditvertrag mit Zins- und Rückzahlungsverpflichtung. Diese Systematik gilt auch für Staaten und damit für die Bürger ihres Landes. Sie begleichen diese Schulden und Zinsen und Zinseszinsen durch ihre Steuer-zahlungen. Historisch betrachtet kollabierten Schuldgeldsysteme im Durchschnitt nach ca. 60–70 Jahren in der Regel in Überschuldung, wirtschaftlichem Abschwung, Inflation, Revolution und Krieg.

Das täglich geschöpfte und rückzahlungsfreie Kaufgeld gibt den Menschen hingegen finanzielle Sicherheit und Unabhängigkeit, da es täglich bedingungslos erscheint. Die so entstehende Geldmenge versorgt die Wirtschaft mit ausreichender Liquidität (lateinisch liquidus, „flüssig"). Es entsteht keine automatische Verschuldung mehr für die Bürger, die Menschen sind „frei von Schuld", sie sind Schuldenfrei. Gleichzeitig verliert das bedingungslos geschöpfte Geld als „alterndes Geld" (zinsfrei fließendes Schwundgeld) nach und nach an Wert. Vorbild ist auch hier die Natur mit dem Prinzip „Werden & Vergehen". Herkömmliches Geld erfüllt die Aufbewahrungsfunktion nur ungenügend, da die Kaufkraft durch die steigenden Preise (Inflation) schwindet. Das „alterndes Geld" bildet diesen Prozess direkt und ohne Umwege ab.

Rechenbeispiele:

- Bei 1 % Schwund pro Monat (12 % pro Jahr) hat sich nach rund 5 Jahren der Ursprungswert halbiert, nach rund 50 Jahren ist der Ursprungsbetrag nahezu vergangen.
- Bei 0,5 % Schwund pro Monat (6 % pro Jahr) hat sich nach rund 11 Jahren der Ursprungswert halbiert, nach rund 110 Jahren ist der Ursprungsbetrag nahezu vergangen.
  Siehe: https://rechneronline.de/summe/wachstum.php

Der Schwundbetrag kann bei elektronischem Geld monatlich abgezogen werden. Das Alter von Geldscheinen und damit der der aktuelle Wert kann durch das aufgedruckte Ausgabedatum nachvollzogen werden. So besteht die Möglichkeit, das gealterte Geld gegen eine Nachzahlungsgebühr gegen Neues Geld umzutauschen.

Als Wertspeicherfunktion dienen langlebige Sach- und Wirtschaftsgüter und die vertragliche Ausleihe über einen Finanzdienstleister gegen eine Verwaltungsgebühr. Sie verhindert für den Darlehensgeber während des Zeitraums der Ausleihe den sonst üblichen Wertverlust durch die dem Schwund entsprechende Zinshöhe. Sind Schwund und Zinshöhe gleich hoch, ergibt sich für den Darlehensgeber eine Werterhaltungsfunktion.

Das so entstehende „Leihgeld" unterliegt dem Risiko des Kreditgebers auf Rückzahlung. Die Vertragsbedingungen für die Dauer des Kredits, Sicherheiten, Rückzahlungsmodalitäten sowie Zinshöhe werden auf Basis der gültigen Gesetze in einem auch bisher üblichen Kreditvertrag schriftlich vereinbart.

Das freie Geistesleben einer GEMEINWOHL GESELLSCHAFT lebt von Schenkungen. Ohne geistige Entwicklung ist kein Fortschritt der Menschengemeinschaft denkbar. Dieses „Schenkgeld" versorgt die gesellschaftlichen Bereiche des Geisteslebens, die Menschen tauschen mit „Schenkgeld" quasi in eine offene Zukunft.

„Schenkungsgelder" sind diejenigen direkten und offenen Beträge, die bisher als Steuergelder verdeckt und zwangsweise umgeleitet werden. Schenkungsgelder sind im Grunde genommen alles, was bisher für die Bildung, für Stiftungen, für Kapital (Produktionsmittel), Grund & Boden, Spenden, Crowdfunding, Almosen usw. ausgegeben wird.

Kapital

Das Geistesleben lebt aus der Urteilsform des individuellen Urteils (denn über Erkenntnis und Wahrheit lässt sich nicht abstimmen), sowie dem freien Ratschlag, statt dem Gesetz, der Vorschrift. Dieses Geistesleben umfasst die Bereiche Gesundheit, Bildung, Religion, Kunst & Kultur, Wissenschaft & Forschung, richterliches Urteil, Votum der Volksvertreter bis hin zu den individuellen körperlichen Begabungen, sowie daran anknüpfend die Zusammenarbeit der Menschen (verstanden als „Kreativitätsfaktor", etwa die Kultur der Entscheidungsprozesse oder das Betriebsklima betreffend). Aufgabe eines freien Geisteslebens ist daher auch die (Kapital-) Verwaltung und Übertragung der natürlichen und künstlichen Produktionsmittel (Grund & Boden, Immobilien, industrielle Produktionsstätten etc.) an den oder die Fähigsten einer Gesellschaft während einer vertraglichen Nutzungszeit zu übertragen.

Das Kapital (von lat. caput, „Kopf") ist der Geist des Wirtschaftslebens. Durch das Kapital (Produktionsmittel) ragt das Geistesleben, das auf den individuellen Fähigkeiten des Menschen beruht, in das Wirtschaftsleben organisierend hinein. Der Kapitalbegriff basiert in der „Sozialen Dreigliederung" auf der durchzuführenden Kapitalneutralisierung. Die Aufgabe des Rechtslebens in der „Sozialen Dreigliederung" einer GEMEINWOHL GESELLSCHAFT ist es, den dazu erforderlichen Rahmen zu schaffen, der das Privateigentum an Produktionsmitteln und Kapital nicht enteignet oder verstaatlicht, sondern in Treuhandeigentum transformiert. Ein auf diese Weise neutralisiertes Kapital kann weder verkauft, noch vererbt, sondern nur in einer Art Schenkung an neue Eigentümer übertragen werden. Die "Neutralisierung des Kapitals" ist unter heutigen Bedingungen rechtlich prinzipiell möglich, etwa durch die Übertragung des Kapitals an eine Stiftung oder an eine Genossenschaft. Dadurch wird es dem kapitalistischen Missbrauch durch gewinnmaximierenden Weiterverkauf oder Börsenspekulation entzogen. Andererseits ist die Freiheit am Gemeinwohl orientierter Unternehmer und die Sozialbindung des Eigentums gesichert.

„Das Eigentum hört auf, dasjenige zu sein, was es bis jetzt gewesen ist. Und es wird nicht zurückgeführt zu einer überwundenen Form, wie sie das Gemeineigentum darstellen würde, sondern es wird fortgeführt zu etwas völlig Neuem."
(R. Steiner Lit.: GA 023, S. 100)

Die Geistige Leistung an der Erschaffung der Produktionsmittel wird ähnlich der geistigen Leistung „Arbeit" durch die Beteiligung am finanziellen Ergebnis des Produktionsprozesses ausgeglichen.

In dem Leitbild der „Sozialen Dreigliederung" vergleicht Rudolf Steiner die Produktionsmittel, das Kapital in einer gesunden Gesellschaft mit dem Blut in einem gesunden Organismus, welches nicht angestaut werden darf. Die freie geistige Schöpferkraft richtet als angehäuftes Privateigentum oder auch als Spekulationsobjekt oder in Form von handelbarer Ware größten sozialen Schaden an. Das Ausmaß ist heute allgegenwärtig in den Macht-konzentrationen der Finanz- und Kapitalmärkte ablesbar. Längst entkoppelt von der Realität entstehen Blase um Blase bis sie platzen. Der ursprüngliche Sinn einer wirtschaftlichen Unter-nehmung und die Freiheit eines am Gemeinwohl orientierten Unternehmers durch die Sozialbindung des Eigentums gehen verloren. Wie schon gesagt: ein spannendes Spiel auf der „Reise nach Jerusalem", genau so lange wie man einen der verbleibenden Stühle abbekommt ...

Steuern

Durch die autonome Selbstverwaltung des Geisteslebens und des Wirtschaftslebens in ihren ganz eigenen Funktionsprinzipien entsteht ein schlanker Staat (Rechtsleben). Als Aufgaben verbleiben für die demokratisch gewählten Volksvertreter Sicherheit für die Menschen zu schaffen, durch die Gleichheit vor dem Gesetz, eine schlanke Verwaltung, innere Sicherheit und äußere Sicherheit (Landes-verteidigung) zu gewährleisten. Der finanzielle Aufwand kann durch eine Kostenumlage transparent und anteilig auf alle Bürger der GEMEINWOHL GESELLSCHAFT verteilt werden. Steuern können somit vollständig entfallen. Gemeinsam mit den Steuerzahlungen verschwinden offene und nicht offensichtliche Transferleistungen, Steuerverwaltungen, Steuerschlupflöcher und Schwarzgelder.

Geistesleben

Die Freiheit im Geistesleben umfasst das Bildungswesen, das Gesundheitswesen, die Wissenschaft und Forschung, Religion und

Kunst & Kultur sowie die Urteile von Richtern und Stimmen von Volksvertretern.

Die Arbeit gehört als freie geistige Leistung in das Geistesleben, genau wie die Produktionsmittel (Kapital), sie sind keine Ware mehr. Ebenso wie der Grund und Boden mit seinen Bodenschätzen, das Wasser, die Luft sowie der Weltraum: sie gehören allen Menschen. Diese sind nicht vermehrbar und werden sowohl in demokratischer Weise als auch zeitlich begrenzt zur Nutzung an den oder die fähigsten Menschen einer GEMEINWOHL GESELLSCHAFT übergeben.

Rechtsleben

Im Rechtsleben, das Gesetze, Regeln und Vereinbarungen der Gesellschaft umfasst, sind die Menschen gleich. Das Rechtsleben bildet sich durch demokratisch gewählte Volksvertreter (Politik). Diese direkt gewählten Volksvertreter unterliegen keinem Parteibeschluss. Ihr individuelles Votum gehört in die Freiheit des Geisteslebens. Dies gilt in entsprechender Weise regional, national und international.

Die alleinige Aufgabe der Politik ist es Sicherheit für die Menschen zu schaffen und zu bewahren: Die Gleichheit aller Menschen vor dem Gesetz, die Verwaltung sowie innere und äußere Sicherheit.

Die Ausarbeitung neuer Gesetze und großer Investitionentscheidungen kann durch Bürgerkonvents erfolgen. Diese Bürgerpflicht wird ähnlich dem bekannten Schöffen durch Losverfahren ausgelöst. Ein entsprechender Konvent hat die Freiheit, jeglichen fachlichen Rat einzuholen. Das Ergebnis wird allen Bürgern zur Volksabstimmung vorgelegt. Nach Abschluss der Aufgabe kann das jeweilige Konvent wieder aufgelöst werden.

Wirtschaftsleben

Die Brüderlichkeit lebt im Wirtschaftsleben, das in einem „freien Markt" die Produktion, den Handel und Konsum von Waren und Dienstleistungen umfasst. Ausgerichtet an dem Bedarf der Konsumenten, werden die Absprachen in so genannten Assoziationen (lat. associare = „vereinigen, verbinden, verknüpfen, vernetzen") getroffen. Geld ist in der sozialen Dreigliederung keine Ware und wird durch die Teilnehmer des Wirtschaftslebens vereinbart. Die brüderliche Haltung „Was brauchst du?" befreit die Menschen von dem Zwang, ihre Arbeitszeit an den Meistbietenden zu verkaufen.

In vertraglichen Vereinbarungen werden die Erträge, zwischen den Teilnehmenden an den Produktions- und Leistungsprozessen, je nach persönlicher Leistung aufgeteilt. Die klassische Einteilung in Arbeitgeber und Arbeitnehmer kann hierdurch entfallen. Durch das Wirtschaftsleben werden auch Sozialfonds bereitgestellt. Sie sind gedacht für Menschen, die sich nicht selbst versorgen können und deren Grundeinkommen zu ihrer Versorgung nicht ausreicht. Die regionalen Wirtschaftsräume einer GEMEINWOHL GESELLSCHAFT sind vergleichbar mit Zellen in einen Gesamtorganismus, einem „Weltwirtschaftskörper".

Haben Sie nach dieser kurzen Einführung in die GEMEINWOHL GESELLSCHAFT eines dreigegliederten sozialen Organismus Interesse, noch mehr zu erfahren?

- Weitergehende Informationen zur sozialen Dreigliederung: https://sozialedreigliederung.info/

- Definition der Sozialen Dreigliederung: https://anthrowiki.at/Dreigliederung_des_sozialen_Organismus

- Nationalökonomischer Kurs R. Steiner: http://anthroposophie.byu.edu/vortraege/340.pdf

Und so wünsche ich Ihnen, liebe Leserin und lieber Leser, viel Freude und Erfolg beim Aufbau und der Gestaltung Ihrer GEMEINWOHL GESELLSCHAFT. Und wenn der Prozess doch mal wieder stocken sollte oder sich ein Streit oder eine Krise entwickeln sollte, denken Sie bitte daran: einfach bis 3 zählen …

… „Denn es müssen in Zukunftszeiten die Menschen füreinander sein und nicht einer durch den anderen. Nur so wird das Weltenziel erreicht, wenn jeder in sich selber ruht, und jeder jedem gibt, was keiner fordern will."

Rudolf Steiner

Weitere Veröffentlichung des Autors:

https://www.eichbaum-institut.de/

Die Natur und immer mehr Menschen geraten in einen Strudel, der alles Leben vernichtet. Achim gelangt auf abenteuerliche Weise in das Land des Krebses. Gemeinsam mit seinem neuen Freund macht er sich auf, um ihre von der zerstörerischen Kraft bedrohte Welt zu retten.

Auf ihrer Reise durch die Weiten der Geistigen Welt erleben die Freunde die Stadien und Strukturen des Bewusstseins. Sie führt durch das Licht und die Tiefen der Dunkelkräfte. Im Kampf bewährt sich Achim. Seine neue Waffe öffnet den Weg in die Zukunft – für alle Menschen auf der Erde.

In der Gesellschaft eines dreigegliederten gesellschaftlichen Organismus leben sie fortan in Freiheit, Gleichheit und Brüderlichkeit.

Dem Autor gelingt es in dieser klassischen Heldenreise auf anschaulich erfahrbare Weise, die heute vielfach paradox erscheinende Weltwirklichkeit geistig lebendig werden zu lassen. Eine Reise des Bewusstseins durch Raum und Nicht-Raum, durch Zeit und Nicht-Zeit, durch Perspektive und Nicht-Perspektive. Einfach integral!

Zeitfracht Medien GmbH
Ferdinand-Jühlke-Straße 7
99095 Erfurt, Deutschland
produktsicherheit@kolibri360.de